BEI GRIN MACHT SICH IHR WISSEN BEZAHLT

AF153455

- Wir veröffentlichen Ihre Hausarbeit,
  Bachelor- und Masterarbeit

- Ihr eigenes eBook und Buch -
  weltweit in allen wichtigen Shops

- Verdienen Sie an jedem Verkauf

**Jetzt bei www.GRIN.com hochladen
und kostenlos publizieren**

Sport- und Bewegungstherapie für das Erkrankungsbild Myokardinfarkt bei koronarer Dreigefäßerkrankung. PTCA und Stenting der Koronararterien

Nathalie Wittmann

Bibliografische Information der Deutschen Nationalbibliothek:

Die Deutsche Nationalbibliothek verzeichnet diese Publikation in der Deutschen Nationalbibliografie; detaillierte bibliografische Daten sind im Internet über http://dnb.d-nb.de abrufbar.

ISBN: 9783346659132
Dieses Buch ist auch als E-Book erhältlich.

Das Buch bei GRIN: https://www.grin.com/document/1214576

Deutsche Hochschule für
Prävention und Gesundheitsmanagement
Hermann-Neuberger-Sportschule 3
66123 Saarbrücken

Hausarbeit

Name, Vorname	Wittmann Nathalie
Studiengang	MPGM
Studienmodul	Sport- und Bewegungstherapie Innere Erkrankungen II – Herz-Kreislauf- und Stoffwechselerkrankungen
Datum Präsenzphase (siehe Ergebnisdokumentation)	14.02.-17.02.2022

Inhaltsverzeichnis

1   DIAGNOSTIK – ANALYSE DES AUFNAHMEBEFUNDS 3

1.1   Definition 3

1.2   Epidemiologie 3

1.3   Ursachen, Risikofaktoren und Folgen 5

1.4   Behandlungsstrategie...6

1.5   Belastbarkeit und Trainierbarkeit des Patienten..7

1.6   Evidenzlage..8

2   ICF – ORIENTIERTE KONZEPTION UND REALISATION 10

2.1   Zielformulierung 10

2.2   Ableitung sport- und bewegungstherapeutischer Maßnahmen 12

2.3   Erstellung des Rehabilitationsplans 13

3   EVALUATION 21

4   LITERATURVERZEICHNIS 23

5   ABBILDUNGS- UND TABELLENVERZEICHNIS 25

5.1   Abbildungsverzeichnis...25

5.2   Tabellenverzeichnis..25

6   ABKÜRZUNGSVERZEICHNIS.. 26

1 Diagnostik – Analyse des Aufnahmebefunds

In den folgenden Kapiteln besteht die Aufgabe als Sport- und Bewegungstherapeut ein ICF-orientiertes Konzept für die Sport- und Bewegungstherapie zu entwickeln. Die Entwicklung erfolgt anhand eines Fallbeispiels mit dem Erkrankungsbild Myokardinfarkt bei koronarer Dreigefäßerkrankung.

1.1 Definition

Unter einer der häufigsten Todesursachen in Deutschland fällt der Myokardinfarkt, bei dem 13 Prozent aller Männer und acht Prozent der Frauen sterben. Der Myokardinfarkt ist eine Folge der koronaren Herzkrankheit (KHK). Unter der KHK versteht man eine Mangeldurchblutung und einen Sauerstoffmangel des Herzmuskels durch die Einengung oder den Verschluss von Koronararterien. Mit laufendem Alter können sich die Koronararterien durch Ablagerungen an den Gefäßwänden vor allem durch Blutfettstörungen und Rauchen verengen. Dadurch fließt weniger Blut durch die Koronararterien wesshalb sich die Sauerstoffzufuhr des Herzmuskels verschlechtert. Liegen in drei Hauptästen der Koronararterien hochgradige Stenosen vor, so kann von einer koronaren Dreigefäßerkrankung gesprochen werden. (Zalpour, 2016, S. 432)

Ein Myokardinfarkt entsteht durch einen Thrombus, der ein Herzkranzgefäß verschließt. Die dazugehörige kontrahierende Schicht des Herzens (Myokard) erhält dann keine ausreichende Zufuhr an Sauerstoff und energieliefernden Substraten. Bleibt dieser Mangelzustand bestehen, so stirbt das nicht versorgte Gewebe ab und die Zellwände der abgestorbenen Herzmuskelzellen zerfallen. (Mayer, 2019, S. 156; Zalpour, 2016, S. 433)

1.2 Epidemiologie

Eine Studie des Robert-Koch-Instituts (2017) untersucht die Prävalenz und Inzidenz der KHK in Deutschland über einen Zeitraum von zwölf Monaten. Unter den Begriff der KHK fallen in dieser Studie Myokardinfarkte, chronische Beschwerden in Folge eines Myokardinfarktes oder Angina Pectoris. Die Ergebnisse der Studie sind in Tab. 1 dargestellt.

Tab. 1: Inzidenz und Prävalenz KHK in Deutschland (eigene Darstellung, modifiziert nach Robert Koch-Institut, 2017, S. 66)

Frauen	%	(95 % KI)	Männer	%	(95 % KI)
Frauen (gesamt)	3,7	(3,3-4,2)	Männer (gesamt)	6,0	
Alter			Alter		
18-44 Jahre	0,2	(0,1-0,4)	18-44 Jahre	0,4	(0,2-0,7)
45-54 Jahre	0,9	(0,6-1,5)	45-54 Jahre	3,4	(2,5-4,6)
55-64 Jahre	3,4	(2,5-4,6)	55-64 Jahre	7,7	(6,2-9,4)
65-74 Jahre	7,1	(5,6-8,8)	65-74 Jahre	13,0	(11,2-15,0)
≥ 75 Jahre	16,0	(13,3-19,2)	≥ 75 Jahre	24,1	(21,7-27,4)
Bildung			Bildung		
Untere Bildungsgruppe	7,3	(6,1-8,7)	Untere Bildungsgruppe	6,5	(5,3-8,0)
Mittlere Bildungsgruppe	3,1	(2,5-3,7)	Mittlere Bildungsgruppe	6,2	(5,4-7,1)
Obere Bildungsgruppe	1,2	(0,8-1,8)	Obere Bildungsgruppe	5,2	(4,5-6,1)
Gesamt (Frauen und Männer)				4,8	(4,5-5,2)

Die Ergebnisse zeigen, dass bei 3,7 Prozent der Frauen und bei 6,0 Prozent der Männer im Zeitraum von zwölf Monaten eine koronare Herzkrankheit vorliegt. Dabei liegt die 12-Monats-Prävalenz einer KHK bei Frauen unter 45 Jahren bei weniger als einem Prozent und steigt bei Frauen ab 75 Jahren auf bis zu 16 Prozent. Bei Männern ab 75 Jahren steigt die Prävalenz sogar auf über 24 Prozent. Zudem bestand bei Frauen in der unteren Bildungsgruppe über sechs Mal häufiger eine KHK als bei Frauen der oberen Bildungsgruppe. Bei den Männern bestehen mit 6,5 Prozent in der unteren Bildungsgruppe und 5,2 Prozent in der oberen Bildungsgruppe nur geringe Unterschiede.

Die „Studie zur Gesundheit Erwachsener in Deutschland" (DEGS) zeigt die Lebenszeitprävalenzen von KHK, Myokardinfarkt, Angina pectoris oder anderer KHK bei Erwachsenen im Alter von 40 bis 79 Jahren nach Altersgruppe und Geschlecht. In Tab. 2 sind ausschließlich die Studienergebnisse der Lebenszeitprävalenzen von Myokardinfarkten aufgelistet. (Gößwald, Schienkiewitz, Nowossadeck & Busch, 2013)

Tab. 2: Lebenszeitprävalenzen von Myokardinfarkten bei Erwachsenen im Alter von 40 bis 79 Jahren (eigene Darstellung, modifiziert nach Gößwald et al., 2013, S. 651)

	40-49 Jahre % (95 % KI)	50-59 Jahre % (95 % KI)	60-69 Jahre % (95 % KI)	70-79 Jahre % (95 % KI)	Gesamt % (95 % KI)
Frauen	0,6 (0,2-2,5)	0,1 (0,0-0,7)	4,7 (2,8-7,6)	6,0 (3,9-9,2)	2,5 (1,8-3,4)
Männer	2,3 (1,1-4,9)	3,8 (2,5-5,8)	11,9 (8,7-16,0)	15,3 (11,6-19,9)	7,0 (5,8-8,4)
Gesamt	1,5 (0,8-2,9)	2,0 (1,3-3,0)	8,2 (6,2-10,7)	10,2 (8,0-12,8)	4,7 (4,0-5,5)

Die Ergebnisse zeigen, dass die Prävalenzen einen Myokardinfarkt zu erleiden bei Frauen und Männern bei steigendem Alter steigt. Bei Frauen liegt die Wahrscheinlichkeit einen Myokardinfarkt zu bekommen bei 2,5 Prozent. Die Prävalenz der Männer an einem Myokardinfarkt zu erkranken ist jedoch fast dreimal so hoch als bei Frauen.

1.3   Ursachen, Risikofaktoren und Folgen

Ursache eines Herzinfarktes ist meist eine Arteriosklerose. Diese entwickelt sich durch Ablagerungen in Form von Plaques, welche sich durch Einlagerungen von zu viel schlechtem Cholesterin und Kalzium bilden. Die Plaques behindern den Blutstrom. Befinden sich die Plaques in den Herzkrankgefäßen, so führt dies zu Durchblutungsstörungen im Herzen. Bei einem Aufbrechen der Plaques entstehen an der Bruchstelle Blutgerinnsel, die durch ein akutes Verschließen des Gefäßes den Blutfluss zum Stillstand bringen. Der Teil der Herzmuskulatur, welcher von diesem Gefäß abhängig ist, erhält nun keinen Sauerstoff mehr und stirbt ab. (Schweizerische Herzstiftung, 2021, S. 6)

Die Risikofaktoren für einen Myokardinfarkt sind in konstitutionelle, externe sowie interne Risikofaktoren unterteilt. Diese sind in Tab. 3 aufgeführt.

Tab. 3: Risikofaktoren für einen Myokardinfarkt (eigene Darstellung, modifiziert nach Schweizerische Herzstiftung, 2021, S. 6)

Konstitutionelle Risikofaktoren	Genetische Veranlagung Alter Geschlecht Psychosoziale Faktoren (Stress, Mobbing, Depressionen)
Externe Risikofaktoren	Rauchen Mangelnde Bewegung Ungesunde Ernährung Übermäßiger Alkoholkonsum Übergewicht und Adipositas
Interne Risikofaktoren	Fettstoffwechselstörungen Hypercholesterinämie Bluthochdruck Diabetes

Eine langfristige Folge eines Myokardinfarktes können eine chronische Herzinsuffizienz oder Herzrhythmusstörungen sein. Durch Nabengewebe, welches das abgestorbene Muskelgewebe ersetzt, kann die Herzfunktion in diesem Bereich nicht mehr unterstützt werden. Außerdem hat ein Myokardinfarkt erhebliche Folgen auf den Alltag und den Lebensstil des Betroffenen. Zum einen Bedarf es der Einnahme von Medikamenten, die die Gerinnselbildung verhindern und den Blutdruck und das Cholesterin senken. Zum anderen ist eine Veränderung des Lebensstils mit regelmäßigen Ausdauerbewegungen sowie eine gesunde Ernährung zu beachten. Des Weiteren sind die in Tab. 3 genannten Risiko weitestmöglich auszuschalten. (Schweizerische Herzstiftung, 2021, 12f)

1.4   Behandlungsstrategie

Die Behandlung eines verschlossenen Gefäßes findet in den meisten Fällen mit Hilfe einer perkutanen transluminalen Koronar-Angioplastie (PTCA) statt. Bei der PTCA wird zunächst ein Katheter über die Arm- oder Beinarterie bis zum Herzen geführt. Mit Hilfe von Kontrastmittel können dann die Herzkrankgefäße und die verengten Stellen sichtbar gemacht werden. Mit einem ballonbestückten Katheter können die fetthaltigen Ablagerungen an die Gefäßwand gedrückt und durch das Einführen eines Stents offengehalten werden. Unter einem Stent ist ein kleines mit Medikamenten beschichtetes Metallgitterröhrchen, welches das Gefäß stützt und offenhält, zu verstehen. Das genaue Vorgehen bei einer PTCA mit Stenting ist in Abb. 1 grafisch zu erkennen. (Schweizerische Herzstiftung, 2021, S. 9)

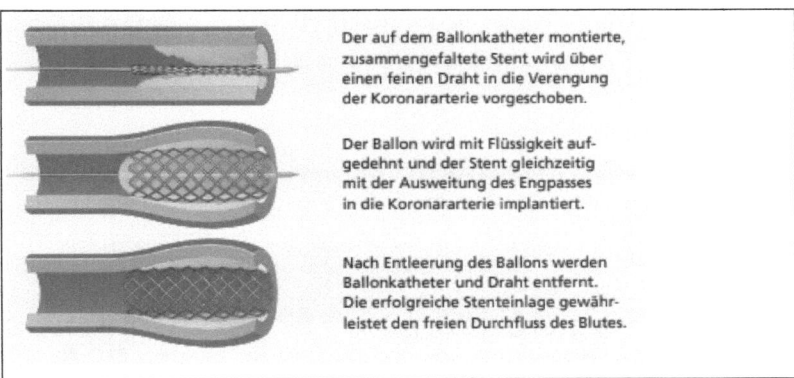

Abb. 1: PTCA mit Einsetzen eines Stents (Schweizerische Herzstiftung, 2021, S. 10)

1.5 Belastbarkeit und Trainierbarkeit des Patienten

Anhand der Informationen des Aufnahmebefundes erfolgt eine Bewertung der Belastbarkeit und Trainierbarkeit des Patienten. Bei der Aufnahme in die Rehabilitationsklinik befindet sich der Patient in einem stabilen kardiopulmonalen Allgemeinzustand. Es besteht eine Belastungsdyspnoe und der Patient ist hämodynamisch stabil bei einer mittelgradig eingeschränkten Leistungsfähigkeit. Zudem kann die körperliche Belastbarkeit des Patienten ähnlich wie vor dem Myokardinfarkt beurteilt werden. Weitere Diagnosen des Patienten sind eine medikamentös eingestellte arterielle Hypertonie Stufe 2 sowie rezidivierende unspezifische Rückenbeschwerden. Der Patient behandelt die vorhandene arterielle Hypertonie unter anderem mit Betablockern, was zu einer Reduzierung der körperlichen Leistung führen kann (Wonisch, 2001, S. 27). Daher empfiehlt sich eine Leistungsdiagnostik zur Bestimmung körperlichen Leistungsfähigkeit und zur Festlegung des Therapieplanes in Form eines Fahrrad-Ergometer-Tests durchzuführen (Wonisch, 2001, S. 27). Die Bewegungsaktivitäten des Patienten beschränken sich auf Alltagsaktivitäten und gelegentliches langsames Spazierengehen, wobei die Gehstrecke auf circa 250 Meter begrenzt ist. Auch gibt der Patient an, bei Anstrengungen im Alltag schnell kurzatmig zu werden und auch das Heben und Tragen von Einkaufstaschen ist derzeit nicht möglich.

Laut Schwan & Nebel (2021, S. 138) befindet sich der Patient bei den Trainingsempfehlungen für allgemeines aerobes Ausdauertraining in Stadium drei, welches definiert ist als „Mittelgradig bis hochgradig eingeschränkte Pumpfunktion; Beschwerden (Luftnot, Erschöpfung) bei geringen körperlichen Belastungen wie z.B. Treppensteigen, Alltagstätigkeiten; Gehstrecke im 6-Minuten-Gehtest weniger als 300 Meter" (Schwan & Nebel, 2021, S. 138). Die Trainingsempfehlungen in Stadium drei befinden sich in Tab. 4.

Tab. 4: Trainingsempfehlungen Stadium drei allgemeines aerobes Ausdauertraining (eigene Darstellung, modifiziert nach Schwan & Nebel, 2021, S. 138)

Trainingsform	Ausdauertraining eventuell in Intervallform, zusätzlich Krafttraining
Trainingsmittel	Walking, Radfahren, Ergometer fahren, Kraftgeräte oder Theraband bzw. Hanteln
Trainingshäufigkeit	4-5 Einheiten pro Woche (3-mal Ausdauer und 2-mal Kraft)
Trainingsumfang	Jede Einheit 15-20 Minuten
Trainingsintensität	35-40% der maximalen Wattleistung aus dem Belastungs-EKG, 40-50% der maximalen Sauerstoffaufnahme aus der Spiroergometrie
Trainingskontrolle	Die Herzfrequenz, die bei 40% der maximalen Wattleistung oder bei 50% der maximalen Sauerstoffaufnahme aus den Belastungstests erreicht wurde

Der Patient kann ein kontrolliertes Krafttraining an Sequenztrainingsgeräten, Kleinhan-
teln und Thera-Bändern durchführen, da hierfür keine Mindestbelastbarkeit erforderlich
ist. Der Patient darf allerdings aufgrund möglich auftretender Blutdruckspitzen nicht bis
zur muskulösen Ausbelastung trainieren. Das Training muss zur Sicherheit so dosiert
werden, dass es frei von Symptomen wie beispielsweise Dyspnoe sowie frei von Arrhyth-
mien und Blutdruckabfällen durchführbar ist. Auch sollte das Training an die Motivati-
onslage des Patienten angepasst sein, um eine nachhaltige Verbesserung des Bewegungs-
verhalten zu erreichen. (Schwan & Nebel, 2021, 135ff)

1.6 Evidenzlage

Die Evidenzlage zur Wirksamkeit von sport- und bewegungstherapeutischen Interventionen nach einem Myokardinfarkt erfolgt anhand von zwei Primärstudien. Die Darstellung
beider Studien und der Studienergebnisse erfolgt in Form von Tab. 5 und 6.

Tab. 5: Studie 1 zur Wirksamkeit von sport- und bewegungstherapeutischen Interventionen nach
einem Myokardinfarkt (eigene Darstellung, modifiziert nach Fallavollita et al., 2016)

Studie 1	Kurzfristige Ergebnisse eines 5-wöchigen umfassenden kardialen Rehabilitationsprogramms nach einem erstmaligen Myokardinfarkt
Durchgeführt von	Luca Fallavollita, Bruno Marsili, Sandro Castelli, Francesca Cucchi, Elpidio Santillo, Luciano Marini, Fabrizio Balestrini
Jahr der Publikation	2015
Forschungsfrage	Welche Auswirkungen hat ein 5-wöchiges kardiales Rehabilitationsprogramms auf die körperliche Leistungsfähigkeit, die Lebensqualität, die echokardiographischen Befunde und die autonome Modulation nach einem erstmaligen Myokardinfarkt?
Versuchspersonen	37 konsekutive Post-Myokardinfarkt-Patienten mit einem durchschnittlichen Alter von 66 Jahren
Versuchsablauf	Die Patienten führten ein 5-wöchiges kardiales Rehabilitationstraining unter Aufsicht durch. Das Training wurde auf einem Fahrradergometer bei 60-80% der maximalen Herzfrequenz 3-mal pro Woche für je 40 Minuten durchgeführt. Vor und nach dem Trainingsprogramm erfolgte die Analyse von: der nach dem Sechs-Minuten-Gehtest (6MWT) zurückgelegten Strecke; die Lebensqualität, die mit dem Fragebogens Psychological General Well-Being Inventory (PGWBI) ermittelt wurde; echokardiographische Befunde und das autonome Gleichgewicht, das anhand der Herzfrequenzvariabilität (HRV) ermittelt wurde.
Relevante Ergebnisse	Es konnte eine statistisch signifikante Verbesserung der körperlichen Leistungsfähigkeit festgestellt werden.

	Außerdem konnten statistisch signifikante Verbesserungen in folgenden PGWBI-Dimensionen erkannt werden: Angst (+5,8%), Depression (+6,0%), positives Wohlbefinden (+6%), allgemeine Gesundheit (+10,3%) und Vitalität (+6,8%)
	Auch kam es zu positiven Veränderungen des HRV-Indizes nach dem Trainingsprogramm.
Schlussfolgerung	Ein kardiales Rehabilitationsprogramm nach einem Myokardinfarkt verbessert die körperliche Leistungsfähigkeit, die Lebensqualität und die autonome Modulation.

Tab. 6: Studie 1 zur Wirksamkeit von sport- und bewegungstherapeutischen Interventionen nach einem Myokardinfarkt (eigene Darstellung, modifiziert nach Korzeniowska-Kubacka, Bilińska, Piotrowska, Stepnowska & Piotrowicz, 2017)

Studie 2	Die Auswirkungen einer rein sportlichen Rehabilitation auf Depressionen und Angstzustände bei Patienten nach einem Myokardinfarkt
Durchgeführt von	Iwona Korzeniowska-Kubacka, Maria Bilińska, Dorota Piotrowska, Monika Stepnowska, Ryszard Piotrowicz
Jahr der Publikation	2016
Forschungsfrage	Welche Auswirkungen hat eine rein sportliche Rehabilitation auf Depressionen, Angstzustände, körperliche Leistungsfähigkeit und das sympathovagale Gleichgewicht bei Patienten nach einem Myokardinfarkt und wie unterscheiden sich diese bei Männern und Frauen?
Versuchspersonen	32 Männer im Alter von 56,3±7,6 Jahren und 30 Frauen im Alter von 59,2±8,1 Jahren
Versuchsablauf	Die Personen nahmen nach einem Myokardinfarkt an einem 8-wöchigen Trainingsprogramm teil. Das Programm bestand aus 24 Intervalltrainings auf dem Fahrradergometer (je 3 Einheiten pro Woche) Vor und nach dem Trainingsprogramms unterzogen sich die Patienten folgenden Untersuchungen: Bewertung der Depressionsintensität, Bewertung der Ängste und einem symptombegrenzten Belastungstest, bei dem die maximale Arbeitsbelastung, die Dauer und das Doppelprodukt analysiert wurden.
Relevante Ergebnisse	Bei den Frauen war die anfängliche Depressionsintensität höher als bei den Männern und nahm nach dem Trainingsprogramm deutlich ab (14,8±8,7 vs. 10,5±8,8; P<0,01). Die Angstmanifestation der Zustandsangst war bei den Frauen höher als bei den Männern und nahm nach dem Trainingsprogramm signifikant ab (45,7±9,7 vs. 40,8±0,3; P<0,01). Bei den Männern konnten keine Depressions- und Angstsymptome festgestellt werden. Die körperliche Leistungsfähigkeit verbesserte sich nach dem Trainingsprogramm in allen Gruppen bei Männern und bei Frauen signifikant. Außerdem veränderte ein 8-wöchiges Trainingsprogramm den parasympathischen Tonus positiv.
Schlussfolgerung	Die Teilnahme am Trainingsprogramm trug bei Frauen nach einem Myokardinfarkt zu einer Verringerung der Depressions- und Angstsymptome bei. Bei den Männern veränderten sich weder Depressionen noch Angstzustände signifikant. Die Auswirkungen des Bewegungstrainings auf die körperliche Leistungsfähigkeit und das autonome Gleichgewicht waren vorteilhaft und zwischen Männern und Frauen vergleichbar.

2 ICF – orientierte Konzeption und Realisation

In diesem Kapitel erfolgt auf Basis der internationalen Klassifikation der Funktionsfähigkeit, Behinderung und Gesundheit (ICF) die Zielformulierung, die Konzeption sowie die Realisation des Rehabilitationsplanes für den Patienten. Anhand der Codierung nach ICF kann unter Berücksichtigung der Personen- und Kontextfaktoren eine konkrete Planung der Therapieinhalte erfolgen. (World Health Organisation, 2005, 9ff)

2.1 Zielformulierung

Zunächst erfolgt die Ermittlung der funktionalen Gesundheit des Patienten anhand der ICF-Dimensionen Körperstrukturen, Körperfunktionen sowie Aktivität und Partizipation. Zudem werden für den Patienten kurzfristige Ziele zur Umsetzung in der Rehabilitationseinrichtung sowie mittel- und langfristige Ziele für den Zeitraum nach der Rehabilitation abgeleitet (Tab. 7 bis Tab. 9).

Tab. 7: Körperstrukturen (s) (eigene Darstellung)

Funktionale Gesundheit der Körperstrukturen (s)	s760 Struktur des Rumpfes (inkl. S76001 Brustwirbelsäule und s76002 Lendenwirbelsäule) s410 Struktur des kardiovaskulären Systems s430 Struktur des Atmungssystems s750 Struktur der unteren Extremitäten s730 Struktur der oberen Extremitäten		
	Erlernen (kognitiv)	Üben/Trainieren (motorisch)	Erleben (affektiv-sozial)
Kurzfristige Ziele in der Einrichtung	1. Wissen über die Entstehung und Risikofaktoren von Herz-Kreislauferkrankungen: speziell Myokardinfarkt 2. Wissen über den Aufbau des Rumpfes	Verbesserung und Stabilisierung der: 1. Strukturen des Rumpfes (insbesondere Wirbelsäule) 2. Strukturen der oberen und unteren Extremitäten 3. Struktur des kardiovaskulären Systems	1. Positive Bewegungserfahrungen bezüglich Atemnot und Kurzatmigkeit 2. Schmerzlinderung im Rücken
Mittel- bis langfristige Ziele nach der Reha	1. Umgang im Alltag mit dem Krankheitsbild 2. Maßnahmen zur Risikosenkung eines erneuten Myokardinfarktes in den Alltag integrieren	Stabilisierung der Strukturen: 1. des kardiovaskulären Systems 2. der ob. Extremitäten 2. Verbesserung der Blutfettwerte durch gesunde Ernährung	1. Positive Bewegungserfahrungen ohne Kurzatmigkeit und Schmerzen 2. Lebensqualität erhöhen

Tab. 8: Körperfunktionen (b) (eigene Darstellung)

Funktionale Gesundheit der Körperfunktionen nach ICF	b410-b429 Funktionen des kardiovaskulären Systems (inkl. b4200 erhöhter Blutdruck) b28013 Rückenschmerz b440-b449 Funktionen des Atmungssystems b455 Funktionen der kardiorespiratorischen Belastbarkeit b730-b749 Funktionen der Muskeln b750-b789 Funktionen der Bewegung		
	Erlernen (kognitiv)	Üben/Trainieren (motorisch)	Erleben (affektiv-sozial)
Kurzfristige Ziele in der Einrichtung	1. Wissen über Funktion des kardiovaskulären Systems und Bluthochdruck und Folgen 2. Messen von Herzfrequenz und Blutdruck erlernen	1. Verbesserung der motorischen Grundfertigkeiten (Gehen, Stehen, Drehen) 2. Verbesserung der Ausdauer, Koordination und Kraft 3. Verbesserung des kardiovaskulären Systems	1. Erleben von Spaß und Freude an der Bewegung 2. Schmerzlinderung im Bereich der Brust- und Lendenwirbelsäule
Mittel- bis langfristige Ziele nach der Reha	1. Wissen über nachhaltige Behandlungsstrategien von Bluthochdruck 2. Selbstständiges Messen von Puls und Herzfrequenz bei Belastungen	1. Integrierung von Bewegung in den Alltag (Treppensteigen, Radfahren, Läufe zu Fuß) 2. Stabilisierung der Ausdauerfähigkeit (Walking) 3. Verbesserung der Kraft und Gelenkbeweglichkeit	1. Positive Bewegungserfahrungen ohne Kurzatmigkeit und Schmerzen 2. Erlangung einer Motivation zum Bewegen und Sporttreiben

Tab. 9: Aktivität und Partizipation (d) (eigene Darstellung)

Funktionale Gesundheit der Aktivität und Partizipation nach ICF	d450-d469 Gehen und sich fortbewegen d240 mit Stress und anderen psychischen Anforderungen umgehen d598 Selbstversorgung, anders bezeichnet d6200 Einkaufen d570 Auf seine Gesundheit achten d430 Gegenstände anheben und tragen d640 Hausarbeiten erledigen		
	Erlernen (kognitiv)	Üben/Trainieren (motorisch)	Erleben (affektiv-sozial)
Kurzfristige Ziele in der Einrichtung	1. Hebe- und Tragetechniken erlernen 2. Wissen über eine gesundheitsbewusste Ernährung	1. Verbesserung der Leistungsfähigkeit im Alltag (insb. Haushalt und Einkäufe) 2. Tragen und Heben 3. Verbesserung der Gehstrecke	1. Positive Bewegungserfahrungen 2. Stressbewältigung
Mittel- bis langfristige Ziele nach der Reha	1. Anpassung der Ernährung zu Hause 2. Erlernte Heb- und Tragetechniken in den Alltag integrieren	1. Regelmäßige sportliche Aktivitäten 2. Walken und Radfahren in den Lebensstil integrieren 3. Treppen steigen	1. Positive Bewegungserfahrungen 2. Wohlbefinden steigern

2.2 Ableitung sport- und bewegungstherapeutischer Maßnahmen

Aus den in Kapitel 2.1 aufgestellten Zielen erfolgt im nächsten Schritt das Ableiten sport- und bewegungstherapeutischer Maßnahmen für den Patienten. Die sport- und bewegungstherapeutischen Maßnahmen in den Bereichen Körperfunktionen (b) und Körperstrukturen (s) sind in Tab. 10 und die Maßnahmen im Bereich Aktivität und Partizipation (d) sind Tab. 11 aufgeführt.

Tab. 10: Sport- und bewegungstherapeutische Maßnahmen im Bereich der Körperfunktionen (b) und Körperstrukturen (s) (eigene Darstellung)

Maßnahmen Körperfunktionen (b) und -Strukturen (s)		
Erlernen (kognitiv)	Üben/Trainieren (motorisch)	Erleben (affektiv-sozial)
1. Patientenschulung bezüglich der Funktionen des kardiovaskulären Systems 2. Schulung im Bereich gesundheitsbewusste Ernährung 3. Aufklärung über Herz-Kreislauferkrankungen und deren gesundheitliche Folgen	1. Muskelaufbautraining 2. Ausdauertraining 3. Beweglichkeitstraining	1. Bewegungstherapeutische Maßnahmen 2. Physiotherapeutische Anwendung zur Schmerzlinderung im Rücken 3. Körperwahrnehmung durch Entspannungsmaßnahmen

Tab. 11: Sport- und bewegungstherapeutische Maßnahmen im Bereich Aktivität und Partizipation (d) (eigene Darstellung)

Maßnahmen Aktivität und Partizipation (d)		
Erlernen (kognitiv)	Üben/Trainieren (motorisch)	Erleben (affektiv-sozial)
Patientenschulung in den Bereichen: 1. Entspannungstechniken 2. Hebe- und Tragetechniken 3. Umgang im Alltag mit der Krankheit	1. Hebe- und Trageübungen 2. Trainieren der Gehstrecke 3. Trainieren von Treppensteigen mit Hilfe von Treppentraining	1. Stressbewältigung durch Entspannungstraining und aktive Entspannung 2. Positive Bewegungserfahrungen in der Sporttherapie schaffen 3. Erfolgserlebnisse durch regelmäßige Überprüfung der Fortschritte bei dem 6-Minuten-Gehtest

2.3 Erstellung des Rehabilitationsplans

Die Dauer der Rehabilitation für den Patienten umfasst aufgrund einer mittelgradig eingeschränkten Leistungsfähigkeit und einem stabilen kardiopulmonalen Allgemeinzustand lediglich einen Zeitraum von vier Wochen. Die Therapie findet an 20 Tagen immer von Montag bis Freitag statt. Der Rehabilitationsplan für den Patienten beinhaltet täglich zwei Module der Sport- und Bewegungstherapie mit verschiedenen Schwerpunkten. Die Inhalte aller Module sind in den Tab. 12 bis Tab. 15 aufgeführt. Zwischen den beiden täglichen Module findet immer eine Mittagspause von 60 Minuten statt.

Allgemein sollen bei jeder praxisbezogenen Sport- und Bewegungstherapie einige Punkte bei dem Patienten unter Beachtung stehen. Es soll stehts ein angepasstes, stressfreies Training mit regelmäßiger Überprüfung des Pulses stattfinden. Außerdem sollten keine Übungen über Herzhöhe durchgeführt werden, um eine Überforderung des Herzens zu vermeiden. Auch sollte der Patient nicht bis zur muskulären Erschöpfung trainieren. Falls der Patient die Übung beziehungsweise die Bewegung nicht mehr der BORG-Skala entsprechend ausführen kann, soll dieser eine lohnende Pause machen. Bei vollständigen Pausen besteht die Gefahr, dass der Puls bei Wiederanfang zu hoch ist.

Die Messung der körperlichen Belastung der Patienten erfolgt mit Hilfe der BORG-Skala, mit welcher der Patient sein subjektives Belastungsempfinden angibt. Durch diese subjektiven Empfindungen können durch den Sport- und Bewegungstherapeuten Anpassungen in der Trainingssteuerung erfolgen. Des Weiteren sollte die Durchführung der Sport- und Bewegungstherapie unter Beachtung der wissenschaftlichen Erkenntnisse zur Belastbarkeit des Patienten aus Kapitel 1.5 erfolgen.

Tab 12: Module der Sport- und Bewegungstherapie Woche 1 (eigene Darstellung)

Tag	Mo-dul	Bewegungsform/Wissen	Belastungsgefüge/ Zeitrahmen/ Begründung
1	B1	Einstieg: Kennenlernen der Patienten der Rehabilitationsgruppe in Form eines Namensspiels mit Ball passen/geben	20 Minuten, geringe Belastung durch Passen oder Ball bringen Kennenlernen der Teilnehmer untereinander, um erste Beziehungen aufzubauen
		Besprechung der Ziele der Rehabilitation in den nächsten vier Wochen	30 Minuten Erste Motivation und Ausblick für den Patienten für die Rehabilitation
		Patientenschulung:	55 Minuten

		Welche Funktionen hat das Herz-Kreislauf-System?	Die Funktion des Herz-Kreislauf-Systems bildet die Basis dafür, um dem Patienten das Wissen über sein Krankheitsbild vermitteln zu können.
	B2	Gruppengymnastik mit Hocker: Aufwärmen: fließende Bewegungen mit Musik Kräftigungsübungen für die Beine und den Rumpf Abschluss: Entspannung durch Mobilisationsübungen und Reise durch den Körper	Gesamt 45 Minuten Aufwärmen; 10 Minuten BORG-Skala:9 Training: 20 Minuten BORG-Skala 11 pro Übung 10-15 Wiederholungen Abschluss: 15 Minuten BORG-Skala: 9 bei Mobilisation Zur Verbesserung der Kraft in Rumpf und Beinen, die der Patient zum Gehen, Treppensteigen und zur Stabilisation der Wirbelsäule (bezüglich Rückenbeschwerden) braucht.
		Patientenschulung: Entstehung von Herz-Kreislauf-Erkrankungen	45 Minuten, keine körperliche Belastung Basis dafür, um dem Patienten das Wissen über das Krankheitsbild vermitteln zu können und dem Patienten seinen wahrscheinlich falschen Lebensstil aufzuzeigen.
2	B3	Patientenschulung zum selbstständigen Messen der Herzfrequenz	30 Minuten, keine körperliche Belastung Damit der Patient sich vor und nach jeder Belastung den Puls eigenständig messen kann, um die körperliche Anstrengung zu messen .
		Erklärung 6 Minuten Gehtest mit anschließender Umsetzung im Freien und Nachbesprechung	60 Minuten, davon 6 Minuten Gehtest Vor und nach dem Test eigenständiges Messen von Puls. Um zu einem späteren Zeitpunkt Fortschritte zu erkennen und dem Patienten zu positiven Bewegungserfahrungen zu bringen.
	B4	Gerätetraining Rumpfmuskulatur: Aufwärmen durch Mobilisation der Gelenke und der Wirbelsäule mit Musik Krafttraining:	Gesamt 30 Minuten Aufwärmen: BORG-Skala: 9 Training: BORG-Skala: 11 Zur Stabilisation der Wirbelsäule und Verbesserung der Kraft, Beweglichkeit und Koordination im Rumpf, die der Patient bei Hausarbeiten und Alltagsbewegungen braucht.
		Entspannung Leichte Dehnübungen und Traumreise	45 Minuten Zum Abschalten vom Alltag und Stressbewältigung des Patienten und um die Körperwahrnehmung und das Selbstwertgefühl verbessern.
	B5	Patientenschulung Körperliche Anstrengung mit Hilfe der BORG-Skala bewerten	45 Minuten, keine körperliche Anstrengung Um den Anstrengungsgrad der Patienten zu überwachen, ist das Messinstrument der BORG-Skala hilfreich. Somit kann durch eine kurze Fragerunde die Belastungsintensität der Patienten überprüft und bei Bedarf angepasst werden.
		Ausdauertraining auf dem Fahrradergometer Aufwärmen 10 Minuten Training: 20 Minuten Abwärmen 10 Minuten	Gesamt 40 Minuten Auf- und Abwärmen: BORG-Skala: 9 Training: BORG-Skala: 11 Zur Verbesserung der Ausdauer, um die Belastbarkeit und das Sauerstoffangebot des Herzmuskels zu verbessern und Verbesserung der Kraft in den Beinen für längere Gehstrecken.

	B6	Patientenschulung:	60 Minuten, keine körperliche Belastung
		Risikofaktoren für die Entstehung von Herz-Kreislauf-Erkrankungen	Um dem Patienten bewusst zu machen, wie dieser durch das Ausschließen der möglichen Risikofaktoren einen gesünderen Lebensstil entwickeln und einem erneuten Herzinfarkt entgegenwirken kann.
4	B7	Patientenschulung	75 Minuten, keine körperliche Belastung
		Thema: Wie wirkt sich eine ungesunde Ernährungsweise auf deinen Körper aus?	Wichtig, um den Patienten bezüglich einer gesünderen Ernährung für die Senkung eines erneuten Myokardinfarktes zu einer Lebensstiländerung zu leiten und zu motivieren.
		Bewegung: Spaziergang an der frischen Luft	15 Minuten, BORG-Skala 11 Zur Verbesserung der Gehstrecke, der Beinkoordination sowie der Belastbarkeit beim Gehen im Alltag des Patienten.
	B8	Sport und Bewegungstherapie: Hebe- und Tragetechniken (Theorie und Praxis)	45 Minuten Theorie, 45 Minuten Praxis BORG-Skala: 11 Erlernen von Hebe- und Tragetechniken für einen selbständigen Alltag des Patienten (Einkaufstaschen tragen und Hausarbeiten).
5	B9	Gerätetraining ganzer Körper	Gesamt 40 Minuten
		Aufwärmen: Gehen der Teilnehmer im Kreis zu Musik Training 20 Minuten: Beinpresse, Rudern, Crunch, Armabduktion, Back Extension Abwärmen: Mobilisation aller Gelenke durch kreisende Bewegungen	Auf- und Abwärmen: BORG-Skala: 9 Training: BORG-Skala: 11-12, 10-15 Wiederholungen pro Übung und 2 Sätze Muskelaufbau für den gesamten Körper, um den Rumpf sowie die oberen und unteren Extremitäten des Patienten für die Aktivitäten im Alltag zu stärken und zu stabilisieren.
		Entspannungsübungen und Traumreise	15 Minuten Übungen, 15 Minuten Traumreise Zur aktiven Entspannung und Stressbewältigung sowie einer besseren Körperwahrnehmung des Patienten.
	B10	Gruppentherapie	60 Minuten, BORG-Skala 11
		Bewegungsspiele an der frischen Luft im Sitzkreis: Ball passen, Tücher werfen, Schwungtuch	Um die Koordination und Beweglichkeit des Patienten zu verbessern und die sozialen Aspekte durch Gruppenspiele zu fördern. Der Patient soll Spaß bei der Therapie haben, um weiterhin motiviert zu bleiben.
		Sport- und Bewegungstherapie: Treppentraining mit Energiemanagement	15 Minuten, BORG-Skala: 11 Zur Verbesserung der Belastbarkeit beim Treppensteigen im Alltag des Patienten.

Tab 13: Module der Sport- und Bewegungstherapie Woche 2 (eigene Darstellung)

Tag	Mo-dul	Bewegungsform/Wissen	Belastungsgefüge/ Zeitrahmen/ Begründung
6	B11	Gruppengymnastik mit Thera-Band: Kräftigung des Oberkörpers	Gesamt 40 Minuten
		Aufwärmen alle Gelenke mobilisieren durch kreisende Bewegungen mit Musik	Auf- und Abwärmen jeweils 10 Minuten, BORG-Skala 9, Training 20 Minuten BORG-Skala: 11-12 pro Übung 10-15 Wiederholungen
		Kraftübungen: Armseitheben, Rudern, Armbeugen, Butterfly unter Herzhöhe	Für den Patienten ist die Kräftigung des Oberkörpers von hoher Bedeutung, da dieser keine Einkaufstaschen tragen kann und Rückenbeschwerden hat. Durch die Kräftigung des Oberkörpers soll der Patient wieder mehr selbstständig erledigen und die Lebensqualität soll wieder geschaffen werden. Das Aufwärmen erfolgt mit Musik, da der Patient Musik in seinen Hobbies angegeben hat und er Spaß bei der Therapie haben soll.
		Abwärmen mit leichten Dehnübungen und Mobilisation der beanspruchten Gelenke	
	B12	Patientenschulung: Welche Folgen können bei Herz-Kreislauf-Erkrankungen insbesondere Myokardinfarkt auftreten?	75 Minuten, keine körperliche Belastung
			Schulung des Wissens des Patienten über sein Krankheitsbild und wie der Patient mit der Krankheit umgehen sollte, um das Risiko eines erneuten Myokardinfarktes zu senken.
7	B13	Ausdauertraining auf dem Fahrradergometer	Gesamt 40 Minuten
		Aufwärmen 10 Minuten Training: 20 Minuten Abwärmen 10 Minuten	Auf- und Abwärmen: BORG-Skala: 9 Training: BORG-Skala: 11-12
			Verbesserung der Ausdauer, um die Belastbarkeit und das Sauerstoffangebot des Herzmuskels zu verbessern.
	B14	Sport und Bewegungstherapie: Hebe- und Trageübungen	Gesamt 40 Minuten, Auf- und Abwärmen: BORG-Skala: 9 Training: BORG-Skala: 11
		Aufwärmen passen mit Softball im Sitzkreis	Zur Verbesserung der Alltagsaktivitäten des Patienten (Einkaufstaschen tragen, Hausarbeiten erledigen). Durch richtige Hebe- und Tragetechniken kann der Patient seinen Rücken schonen und die Kraft aus dem Rumpf holen.
		Training: Richtig in die Hocke gehen, richtig bücken und Heben, richtig Bücken, richtiger Stand kombiniert mit richtiger Atmung	
		Abwärmen: Mobilisationsübungen mit dem Softball	
8	B15	Patientenschulung	75 Minuten, keine körperliche Belastung
		Thema: Welche positiven Effekte hat eine gesunde und ausgewogene Ernährung auf deinen Körper?	Motivation des Patienten fördern bezüglich eines gesunden Lebensstiles und einer gesunden Ernährung und Wissenserweiterung in diesem Bereich.
		Bewegung: Spaziergang an der frischen Luft	15 Minuten, BORG-Skala: 12
			Zur Verbesserung der Gehstrecke, der Beinkoordination sowie der Belastbarkeit beim Gehen im Alltag des Patienten.

	B16	Gerätetraining ganzer Körper	Gesamt 40 Minuten
		Aufwärmen: Gehen der Teilnehmer im Kreis zu Musik	Auf- und Abwärmen: BORG-Skala: 9 Training: BORG-Skala: 11-12, 10-15 Wiederholungen pro Übung und 2 Sätze
		Training 20 Minuten: Beinpresse, Rudern, Crunch, Armabduktion, Back Extension	Muskelaufbau für den gesamten Körper, um den Rumpf sowie die oberen und unteren Extremitäten des Patienten für die Aktivitäten im Alltag zu stärken und zu stabilisieren. Das Aufwärmen erfolgt mit Musik, da der Patient Musik in seinen Hobbies angegeben hat und er Spaß bei der Therapie hat.
		Abwärmen: Mobilisation aller Gelenke durch kreisende Bewegungen	
9	B17	Sport- und Bewegungstherapie: Treppentraining mit Energiemanagement	15 Minuten, BORG-Skala: 11 Zur Verbesserung der Belastbarkeit beim Treppensteigen im Alltag.
		Patientenschulung	90 Minuten, keine körperliche Belastung
		Thema: Aufbau des Rumpfes - Wirbelsäule	Da der Patient unter Rückenbeschwerden durch eine kyphotische Fehlhaltung in der LWS und BWS leidet, ist wichtig, dass der Patient sich mit dem Aufbau der Wirbelsäule beschäftigt und mögliche Gründe für das Auftreten der Rückenschmerzen erfährt.
	B18	Gruppengymnastik mit Hocker – ganzer Körper	Gesamt 45 Minuten Aufwärmen; 10 Minuten BORG-Skala: 9 Training: 20 Minuten BORG-Skala 11, pro Übung 10-15 Wiederholungen Abschluss: 15 Minuten
		Aufwärmen: fließende Bewegungen mit Musik	
		Training: Fußwippe, Fersentreten, Ball platt drücken mit Fuß, Rumpfbeugen im Sitz, Bogenschütze im Sitzen, Ball platt drücken mit Händen	Da der Patient nur bedingt stehen und gehen kann, bietet die Hockergymnastik die Möglichkeit den ganzen Körper im Sitzen zu trainieren. Das Training beinhaltet Übungen zur Kräftigung, Koordination und Beweglichkeit des gesamten Körpers.
		Abschluss: Entspannung	
10	B19	6 Minuten Gehtest mit vor und Nachbesprechung	30 Minuten, davon 6 Minuten Gehtest Der Patient soll positive Bewegungserfahrungen durch Gehfortschritte erleben.
		Patientenschulung	60 Minuten, keine körperliche Belastung
		Thema: Wie entsteht Bluthochdruck?	Verbesserung des Informationsstandes zu der Erkrankung Bluthochdruck des Patienten, da dieser Punkt dem Patienten wichtig ist.
	B20	Patientenschulung zum selbstständigen Messen des Blutdrucks	30 Minuten, keine körperliche Belastung Damit der Patient vor und nach jeder Belastung den Blutdruck eigenständig messen kann, um die körperliche Anstrengung zu messen.
		Lauftraining Intervall: Outdoor mit messen des Blutdrucks vor und nach dem Training	Gesamt 50 Minuten 30 Minuten Lauftraining, dabei im Wechsel 5 Minuten BORG-Skala 12 und 5 Minuten BORG-Skala 10 Verbesserung der Ausdauer, um die Belastbarkeit und das Sauerstoffangebot des Herzmuskels zu verbessern.

Tab 14: Module der Sport- und Bewegungstherapie Woche 3 (eigene Darstellung)

Tag	Mo-dul	Bewegungsform/Wissen	Belastungsgefüge/ Zeitrahmen/ Begründung
11	B21	Gruppengymnastik mit Hocker – ganzer Körper Aufwärmen: fließende Bewegungen mit Musik Training: Fußwippe, Fersentreten, Ball platt drücken mit Fuß, Rumpfbeugen im Sitz, Bogenschütze im Sitzen, Ball platt drücken mit Händen Abschluss: Entspannung durch Mobilisationsübungen und Reise durch den Körper	Gesamt 45 Minuten Aufwärmen; 10 Minuten BORG-Skala: 9 Training: 20 Minuten BORG-Skala: 11 pro Übung 10-15 Wiederholungen Abschluss: 15 Minuten bei Mobilisation Da der Patient nur bedingt stehen und gehen kann, bietet die Hockergymnastik die Möglichkeit den ganzen Körper im Sitzen zu trainieren. Das Training beinhaltet Übungen zur Kräftigung, Koordination und Beweglichkeit des gesamten Körpers.
	B22	Patientenschulung Thema: Welche Folgen hat Bluthochdruck auf deinen Körper?	60 Minuten Patienten die Folgen aufführen, um den Patienten auf die Änderung seines Lebensstils aufmerksam zu machen und ihn diesbezüglich zu motivieren.
		Beweglichkeitstraining Outdoor: Übungen zur Mobilisation der Wirbelsäule und der Arme	30 Minuten BORG-Skala 10 Zu der Mobilisation und Beweglichkeit in der Wirbelsäule des Patienten.
12	B23	Gruppentherapie Bewegungsspiele an der frischen Luft im Sitzkreis: Ball passen, Tücher werfen, Schwungtuch	60 Minuten, BORG-Skala 11 Um die Koordination und Beweglichkeit des Patienten zu verbessern und die sozialen Aspekte durch Gruppenspiele zu fördern. Der Patient soll Spaß bei der Therapie haben, um weiterhin motiviert zu bleiben.
		Patientenschulung Thema: Was kann ich tun, um meinen Blutdruck zu senken?	45 Minuten, kein Belastungsgefüge Bewusstsein beim Patienten schaffen und ihn in die Richtung eines gesunderen Lebensstiles leiten.
	B24	Ausdauertraining auf dem Fahrradergometer Aufwärmen 10 Minuten Training: 20 Minuten Abwärmen 10 Minuten	Gesamt 40 Minuten Auf- und Abwärmen: BORG-Skala: 9 Training: BORG-Skala: 11-12 Verbesserung der Ausdauer, um die Belastbarkeit und das Sauerstoffangebot des Herzmuskels zu verbessern.
13	B25	Krafttraining für Arme und den Rumpf mit Kurzhanteln (1 kg) Aufwärmen: Mobilisation der Gelenke mit Musik Training: unter Anderem Armseitheben, Armfrontheben, Rudern und Schattenboxen Abwärmen: Leichte Dehnübungen im Rumpf- und Armbereich	Gesamt 40 Minuten Auf- und Abwärmen: BORG-Skala: 9 Training: BORG-Skala: 11 Verbesserung der Beweglichkeit, Koordination und Kraftfähigkeit in den Armen und im Rumpf, Stabilisierung der Wirbelsäule. Das Aufwärmen erfolgt mit Musik, da der Patient Musik in seinen Hobbies angegeben hat und er Spaß bei der Therapie hat.

			30 Minuten Pause
		Bewegung: Spaziergang an der frischen Luft mit Walkingstöcken	20 Minuten, BORG-Skala: 11-12 Zur Verbesserung der Gehstrecke, der Beinkoordination sowie der Belastbarkeit beim Gehen im Alltag des Patienten.
	B26	Patientenschulung Thema: Aufbau des Rumpfes – Wie kann ich meine Wirbelsäule stabilisieren? Übungen, die in den Alltag integriert werden können (Theorie und Praxis))	90 Minuten, Praxis 30 Minuten BORG-Skala 11 Da der Patient unter Rückenbeschwerden durch eine kyphotische Fehlhaltung in der LWS und BWS leidet, ist wichtig, dass der Patient Übungen für die Stabilisierung seiner Wirbelsäule erlernt, die er auch zu Hause durchführen kann.
14	B27	Patientenschulung Thema: Wie passe ich meine Ernährung an meine Krankheit an, um das Risiko eines erneuten Herzinfarktes zu senken?	90 Minuten, kein Belastungsgefüge Der Patient möchte mehr Wissen in dem Bereich Ernährung. Das Modul hilft dem Patienten bei der Umsetzung einer angepassten gesunden Ernährung, um das Risiko für einen erneuten Myokardinfarkt zu senken.
	B28	Sport- und Bewegungstherapie: Treppentraining	15 Minuten, BORG-Skala: 12 Zur Verbesserung der Belastbarkeit beim Treppensteigen im Alltag des Patienten.
			15 Minuten Pause
		Gruppengymnastik Wirbelsäulenmobilisation durch Bewegungsspiele und Mobilisationsübungen Rumpfkräftigung durch Übungen mit dem Thera-Band Abwärmen durch leichte Dehnübungen im Rumpfbereich	Gesamt 40 Minuten Aufwärmen 15 Minuten mit Mobilisationsübungen, BORG-Skala 9 Training 20 Minuten, BORG-Skala 11 Abwärmen 5 Minuten, BORG-Skala 9 Zur Verbesserung der Beweglichkeit, Koordination und Kraft des Patienten im Rumpfbereich. Der Patient leidet unter unspezifischen Rückenbeschwerden und muss deswegen die Rumpfmuskulatur aufbauen, um die Wirbelsäule zu entlasten.
15	B29	Gerätetraining ganzer Körper Aufwärmen: Gehen der Teilnehmer im Kreis zu Musik Training 20 Minuten: Beinpresse, Rudern, Crunch, Armabduktion, Back Extension Abwärmen: Mobilisation aller Gelenke durch kreisende Bewegungen	Gesamt 40 Minuten Auf- und Abwärmen: BORG-Skala: 9 Training: BORG-Skala: 11, 10-15 Wiederholungen pro Übung und 2 Sätze Muskelaufbau für den gesamten Körper, um den Rumpf sowie die oberen und unteren Extremitäten des Patienten für die Aktivitäten im Alltag zu stärken und zu stabilisieren. Das Aufwärmen erfolgt mit Musik, da der Patient Musik in seinen Hobbies angegeben hat und er Spaß bei der Therapie hat.
	B30	Gruppentherapie Bewegungsspiele an der frischen Luft im Sitzkreis: Ball passen, Tücher werfen, Schwungtuch	60 Minuten, BORG-Skala 11 Um die Koordination und Beweglichkeit des Patienten zu verbessern und die sozialen Aspekte durch Gruppenspiele zu fördern. Der Patient soll Spaß bei der Therapie haben, um weiterhin motiviert zu bleiben.

Tab 15: Module der Sport- und Bewegungstherapie Woche 4 (eigene Darstellung)

Tag	Mo-dul	Bewegungsform/Wissen	Belastungsgefüge/ Zeitrahmen/ Begründung
16	B31	Gruppengymnastik mit Hocker – ganzer Körper Aufwärmen: fließende Bewegungen mit Musik Training: Fußwippe, Fersentreten, Ball platt drücken mit Fuß, Rumpfbeugen im Sitz, Bogenschütze im Sitzen, Ball platt drücken mit Händen Abschluss: Entspannung durch Mobilisationsübungen und Reise durch den Körper	Gesamt 45 Minuten Aufwärmen; 10 Minuten BORG-Skala: 9 Training: 20 Minuten BORG-Skala: 11 pro Übung 10-15 Wiederholungen Abschluss: 15 Minuten BORG-Skala: 9 bei Mobilisation Da der Patient nur bedingt stehen und gehen kann, bietet die Hockergymnastik die Möglichkeit den ganzen Körper im Sitzen zu trainieren. Das Training beinhaltet Übungen zur Kräftigung, Koordination und Beweglichkeit des gesamten Körpers. Das Aufwärmen erfolgt mit Musik, da der Patient Musik in seinen Hobbies angegeben hat und er Spaß bei der Therapie hat.
	B32	Patientenschulung Thema: Vorstellung verschiedener Entspannungstechniken mit anschließender Praxiseinheit	90 Minuten Der Patient bekommt aufgrund seiner psychischen Überlagerung Entspannungstechniken mit an die Hand, die er im Alltag anwenden kann, um Stress entgegenwirken zu können.
17	B33	Gerätetraining ganzer Körper Aufwärmen: Gehen der Teilnehmer im Kreis zu Musik Training 20 Minuten: Beinpresse, Rudern, Crunch, Armabduktion, Back Extension Abwärmen: Mobilisation aller Gelenke durch Kreisen	Gesamt 40 Minuten Auf- und Abwärmen: BORG-Skala: 9 Training: BORG-Skala: 11-12, 10-15 Wiederholungen pro Übung und 2 Sätze Muskelaufbau für den gesamten Körper, um den Rumpf sowie die oberen und unteren Extremitäten des Patienten für die Aktivitäten im Alltag zu stärken und zu stabilisieren. Das Aufwärmen erfolgt mit Musik, da der Patient Musik in seinen Hobbies angegeben hat und er Spaß bei der Therapie hat.
	B34	Spaziergang an der frischen Luft	15 Minuten BORG-Skala: 11-12 Zur Verbesserung der Gehstrecke, der Beinkoordination sowie der Belastbarkeit beim Gehen im Alltag des Patienten.
		Patientenschulung Motivation zur Bewegung im Alltag: Erstellung einer Motivationsliste	75 Minuten, keine körperliche Belastung Damit der Patient bei Hindernissen wie zum Beispiel keine Lust, schlechtes Wetter oder anderen Hindernissen trotzdem Motivation schöpft, um auf seine tägliche Bewegung zu kommen, die sein Körper braucht.
18	B35	Patientenschulung Thema: Wie integriere ich gesunde Ernährung erfolgreich in den Alltag?	90 Minuten, keine körperliche Belastung Das Modul hilft dem Patienten bei der Integration einer angepassten gesunden Ernährung in den Alltag durch Tipps und Erfahrungen des Therapeuten und der anderen Teilnehmer.

	B36	Ausdauertraining auf dem Fahr-radergometer	Gesamt 40 Minuten
			Auf- und Abwärmen: BORG-Skala: 9
		Aufwärmen 10 Minuten	Training: BORG-Skala: 11-12
		Training 20 Minuten	Verbesserung der Ausdauer, um die Belast-barkeit und das Sauerstoffangebot des Herz-muskels zu verbessern.
		Abwärmen 10 Minuten	
		20 Minuten Pause	
		Gruppengymnastik:	10 Min. Aufwärmen BORG-Skala 9
		Funktionelle Übungen für den Alltag mit eigenem Körpergewicht	20 Minuten Training BORG-Skala 11
			5 Minuten Abwärmen mit leichten Dehnübun-gen BORG-Skala 9
			Verbesserung der Bewegung und Kraft im Alltag
19	B37	Outdoor-Lauftraining	40 Minuten, dabei immer 5 Minuten schnelles Gehen und 5 Minuten langsames Gehen, mittlere körperliche Belastung
			Verbesserung des Gangbildes und der Aus-dauer, um die Belastbarkeit und das Sauer-stoffangebot des Herzmuskels zu verbes-sern.
	B38	Sport- und Bewegungstherapie:	15 Minuten BORG-Skala: 12
		Treppentraining	Zur Verbesserung der Belastbarkeit beim Treppensteigen im Alltag.
20	B39	6 Minuten Gehtest mit anschlie-ßender Berichtung aller Teilneh-mer über die Fortschritte, die er-reicht wurden	90 Minuten, davon 6 Minuten Gehtest
			Positive Bewegungserfahrungen durch Fort-schritt generieren
	B40	Sport- und Bewegungstherapie:	15 Minuten BORG-Skala: 12
		Treppentraining	Zur Verbesserung der Belastbarkeit beim Treppensteigen im Alltag
		Abschluss mit Evaluation	60 Minuten
			Um die Rehabilitationsfortschritte der Patien-ten zu überprüfen, erfolgt zum Ende der The-rapie eine Evaluation (siehe Kapitel 3) mit verschiedenen Messinstrumenten.

3 Evaluation

Um die Fortschritte in der Länge der Gehstrecke des Patienten zu messen, findet der 6-Minuten-Gehtest als Messinstrument Verwendung. Der Test erfasst die Belastbarkeit von Patienten mit Herzinsuffizienz. Die Durchführung des Tests erfolgt vor, während und nach der Rehabilitation, um Trainingserfolge sichtbar zur machen und das Trainingspro-gramm des Patienten dementsprechend anzupassen. Zudem soll der 6-Minuten-Gehtest den Patienten motivieren und Hilfe bei dem Erleben positiver Bewegungserfahren sein. (Hien & Morr, 2002, S. 558)

Da der Patient unter einer Belastungsdyspnoe leidet, findet vor während und nach dem Rehabilitationsprogramm eine Bewertung der Kurzatmigkeit des Patienten anhand der MMRC Dyspnoe-Skala statt. Mit Hilfe der Skala kann sich der Therapeut ein Bild über die momentane Situation des Patienten und den Verlauf der Dyspnoe kontrollieren. Zudem kann der Therapeut die subjektive Verfassung des Patienten automatisch mit ermitteln. Tab. 17 zeigt die Dyspnoe-Skala mit den verschiedenen Bewertungen. (Hellmann, 2008, S. 40)

Tab. 17: MMRC Dyspnoe Skala (eigene Darstellung, modifiziert nach Hellmann, 2008, S. 40)

Modified Medical Research Council (MMRC-) Dyspnoe Skala	
Score	Beschreibung
0	Dyspnoe nach Anstrengung
1	Dyspnoe bei schnellem Gehen in der Ebene oder bei leichter Steigung
2	Patient geht aufgrund einer Dyspnoe langsamer al Gleichaltrige in der Ebene oder muss bei gewohnter Geschwindigkeit zum Luftholen öfter stehen bleiben
3	Patient muss nach 90 Metern Gehstrecke zum Luftholen anhalten
4	Patient ist aufgrund der Dyspnoe unfähig, das Haus zu verlassen und alltägliche Verrichtungen auszuführen

Außerdem erfolgt die Bewertung der Aktivitäten des täglichen Lebens (ADL) mittels eines Fragebogens. Der Fragebogen befasst sich mit den Themen Essen, Baden, Waschen, An- und Auskleiden, Stuhlkontrolle, Urinkontrolle, Toilettenbenutzung, Bettstuhltransfer, Bewegung und Treppensteigen. Im Fall des Patienten macht diese Bewertung besonders Sinn, da der Patient im Alltag eingeschränkt ist. Der Fragebogen wird vor und nach dem Rehabilitationsprogramm von den Patienten ausgefüllt, um die Fortschritte der Sport- und Bewegungstherapie zu überprüfen, um entsprechende Maßnahmen zur Unterstützung zu integrieren. (Deppermann, Friedrich, Herth & Huber, 2008, 6ff)

Des Weiteren erfolgt die Leistungsdiagnostik des Patienten vor und nach der Rehabilitation durch ein Belastungs-EKG auf dem Fahrrad-Ergometer, da der Patient unter eine arteriellen Hypertonie Stufe 2 leidet. Das Belastungs-EKG hat die Funktion zur Bestimmung der körperlichen Leistungsfähigkeit des Patienten und zur Festlegung des Therapieplanes. (Wonisch, 2001, S. 27)

4 Literaturverzeichnis

Deppermann, K.-M., Friedrich, C., Herth, F. & Huber, R. M. (2008). Geriatrische As-
sessments und Diagnostik beim älteren Patienten. *Onkologie* [Geriatric assessment
and diagnosis in elderly patients], *31 Suppl 3*, 6–14.
https://doi.org/10.1159/000127563

Fallavollita, L., Marsili, B., Castelli, S., Cucchi, F., Santillo, E., Marini, L. et al. (2016).
Short-term results of a 5-week comprehensive cardiac rehabilitation program after
first-time myocardial infarction. *The Journal of Sports Medicine and Physical Fit-
ness, 56*(3), 311–318. Accessed 03.03.2022. Retrieved from https://pub-
med.ncbi.nlm.nih.gov/25692859/

Gößwald, A., Schienkiewitz, A., Nowossadeck, E. & Busch, M. A. (2013). Prävalenz
von Herzinfarkt und koronarer Herzkrankheit bei Erwachsenen im Alter von 40 bis
79 Jahren in Deutschland: Ergebnisse der Studie zur Gesundheit Erwachsener in
Deutschland (DEGS1). *Bundesgesundheitsblatt, Gesundheitsforschung, Gesundheits-
schutz* [Prevalence of myocardial infarction and coronary heart disease in adults aged
40-79 years in Germany: results of the German Health Interview and Examination
Survey for Adults (DEGS1)], *56*(5-6), 650–655. https://doi.org/10.1007/s00103-013-
1666-9

Hellmann, A. (2008). Die vier Stadien der Luftnot. *MMW - Fortschritte der Medizin,
150*(8), 40–42. https://doi.org/10.1007/BF03371050

Hien, P. & Morr, H. (2002). 6-Minuten_Gehtest in der pneumologischen und kardiolo-
gischen Diagnostik. Methodik, Bedeutung und Grenzen. *Pneumologie*, (26), 558–
566. Zugriff am 04.03.2022. Verfügbar unter: https://www.thieme-connect.de/pro-
ducts/ejournals/pdf/10.1055/s-2002-33850.pdf

Korzeniowska-Kubacka, I., Bilińska, M., Piotrowska, D., Stepnowska, M. & Piotrowicz, R. (2017). The impact of exercise-only-based rehabilitation on depression and
anxiety in patients after myocardial infarction. *European Journal of Cardiovascular
Nursing : Journal of the Working Group on Cardiovascular Nursing of the European
Society of Cardiology, 16*(5), 390–396. https://doi.org/10.1177/1474515116682123

Mayer, C. (2019). *100 Krankheitsbilder in der Physiotherapie. Behandlungsideen und
Tipps* (Physiotherapie Basics Ser, 2nd ed.). Berlin, Heidelberg: Springer Berlin / Heidelberg. Verfügbar unter: https://ebookcentral.proquest.com/lib/kxp/detail.ac-
tion?docID=5982895

Robert Koch-Institut. (2017). *12-Monats-Prävalenz einer koronaren Herzkrankheit in Deutschland*. Zugriff am 03.03.2022. Verfügbar unter: https://www.rki.de/DE/Content/Gesundheitsmonitoring/Gesundheitsberichterstattung/GBEDownloadsJ/FactSheets/JoHM_2017_01_gesundheitliche_lage4.pdf?__blob=publicationFile https://doi.org/10.17886/RKI-GBE-2017-009

Schwan, U. & Nebel, R. (2021). Körperliches Training mit Herzpatienten. Praxisorientierte Empfehlungen für die kardiologische Sport-/Bewegungstherapie. *B&G Bewegungstherapie und Gesundheitssport, 37*(03), 130–141. https://doi.org/10.1055/a-1482-0294

Schweizerische Herzstiftung. (2021). *Herzinfarkt und koronare Herzkrankheit* (Schweizerische Herzstiftung, Hrsg.). Bern. Zugriff am 03.03.2022. Verfügbar unter: https://www.swissheart.ch/fileadmin/user_upload/Swissheart/Shop/PDF_Broschueren/Herzinfarkt_2021_DE.pdf

Wonisch, M. (2001). Betablocker und körperliche Leistung: Auswirkungen auf kardiorespiratorische und metabolische Parameter. *Journal für Hypertonie - Zeitschrift für Hochdruckerkrankungen*, (4), 27–32. Zugriff am 04.03.2022. Verfügbar unter: https://www.kup.at/kup/pdf/921.pdf

World Health Organisation. (2005). *ICF. Internationale Klassifikation der Funktionsfähigkeit, Behinderung und Gesundheit.* Genf: World Health Organisation. Zugriff am 04.03.2022. Verfügbar unter: https://www.soziale-initiative.net/wp-content/uploads/2013/09/icf_endfassung-2005-10-01.pdf

Zalpour, C. (Hrsg.). (2016). *Anatomie, Physiologie. Lehrbuch für Physiotherapeuten, Masseure/medizinische Bademeister und Sportwissenschaftler* (Für die Physiotherapie, 4., überarbeitete und ergänzte Auflage). München: Elsevier Urban & Fischer. https://doi.org/10.1016/C2014-0-00036-6

5 Abbildungs- und Tabellenverzeichnis

5.1 Abbildungsverzeichnis

Abb. 1: PTCA mit Einsetzen eines Stents (Schweizerische Herzstiftung, 2021, S. 10) .. 6

5.2 Tabellenverzeichnis

Tab. 1: Inzidenz und Prävalenz KHK in Deutschland (eigene Darstellung, modifiziert nach Robert Koch-Institut, 2017, S. 66) 4

Tab. 2: Lebenszeitprävalenzen von Herzinfarkten bei Erwachsenen im Alter von 40 bis 79 Jahren (eigene Darstellung, modifiziert nach Gößwald et al., 2013, S. 651) 4

Tab. 3: Risikofaktoren für einen Myokardinfarkt (eigene Darstellung, modifiziert nach Schweizerische Herzstiftung, 2021, S. 6) 5

Tab. 4: Trainingsempfehlungen Stadium drei allgemeines aerobes Ausdauertraining (eigene Darstellung, modifiziert nach Schwan & Nebel, 2021, S. 138) 7

Tab. 5: Studie 1 zur Wirksamkeit von sport- und bewegungstherapeutischen Interventionen nach einem Myokardinfarkt (eigene Darstellung, modifiziert nach Fallavollita et al., 2016) 8

Tab. 6: Studie 1 zur Wirksamkeit von sport- und bewegungstherapeutischen Interventionen nach einem Myokardinfarkt (eigene Darstellung, modifiziert nach Korzeniowska-Kubacka, Bilińska, Piotrowska, Stepnowska & Piotrowicz, 2017) 9

Tab. 7: Körperstrukturen (s) (eigene Darstellung) 10

Tab. 8: Körperfunktionen (b) (eigene Darstellung) 11

Tab. 9: Aktivität und Partizipation (d) (eigene Darstellung) 11

Tab. 10: Sport- und bewegungstherapeutische Maßnahmen im Bereich der Körperfunktionen (b) und Körperstrukturen (s) (eigene Darstellung) 12

Tab. 11: Sport- und bewegungstherapeutische Maßnahmen im Bereich Aktivität und Partizipation (d) (eigene Darstellung) 12

Tab 12: Module der Sport- und Bewegungstherapie Woche 1 (eigene Darstellung) 13

Tab 13: Module der Sport- und Bewegungstherapie Woche 2 (eigene Darstellung) 16

Tab 14: Module der Sport- und Bewegungstherapie Woche 3 (eigene Darstellung) 18

Tab 15: Module der Sport- und Bewegungstherapie Woche 4 (eigene Darstellung) 20

Tab. 17: MMRC Dyspnoe Skala (eigene Darstellung, modifiziert nach Hellmann, 2008, S. 40) 22

6 Abkürzungsverzeichnis

ICF	internationalen Klassifikation der Funktionsfähigkeit, Behinderung und Gesundheit
KHK	koronare Herzkrankheit
KI	Konfidenz-Intervall
DEGS	Studie zur Gesundheit Erwachsener in Deutschland
PTCA	perkutane transluminale koronar Angioplastie
6MWT	6-Minuten-Gehtest
PGWBI	Psychological General Well-Being Inventory
HRV	Herzfrequenzvariabilität
MMRC	Modified Medical Research Council
EKG	Echo-Kardiogramm

BEI GRIN MACHT SICH IHR WISSEN BEZAHLT

- Wir veröffentlichen Ihre Hausarbeit,
  Bachelor- und Masterarbeit

- Ihr eigenes eBook und Buch -
  weltweit in allen wichtigen Shops

- Verdienen Sie an jedem Verkauf

Jetzt bei www.GRIN.com hochladen
und kostenlos publizieren